TANJA HILMER

BEAUTY- & MINDSET-JOURNAL

Für mehr Selbstliebe und Selbstfürsorge

Impressum

Die Ratschläge in diesem Buch wurden von der Autorin sorgfältig erwogen und geprüft, dennoch kann eine Garantie nicht übernommen werden. Eine Haftung der Autorin und ihrer Beauftragten für Personen-, Sach- und Vermögensschäden ist ausgeschlossen.

Bibliografische Information der Deutschen Nationalbibliothek: Die Deutsche Nationalbibliothek verzeichnet diese Publikation in der Deutschen Nationalbibliografie; detaillierte bibliografische Daten sind im Internet über http://dnb.dnd.de abrufbar.

Layout und Satz:	Vera Fechtig | Owlet Grafikdesign e.U.
Bildnachweise:	Foto auf Cover von Yevheniia Tsybulenko | Pixabay
	Foto auf Rückseite von meganlynchnz | Pixabay
	Porträt von Christian Mann | Imango Fotoagentur GmbH

Herstellung & Verlag: BoD – Books on Demand , Norderstedt
ISBN: 978-3-7534-6247-9

Vielen Dank für Dein Vertrauen
und dass Du Dich für mein Journal entschieden hast.
Mir liegt es sehr am Herzen,
Menschen dabei zu unterstützen
sich gut zu fühlen und glücklich zu sein.

Warum sollte man täglich ein Journal führen?
Ganz einfach:
Es unterstützt Dich dabei täglich besser organisiert zu sein,
Deine Ziele zu erreichen, positiv in den Tag zu starten
und ihn auch wieder mit positiven Gedanken zu beenden.

Du findest spannende Fragen, die Dir dabei helfen,
sowie auch immer genug Platz
für Deine Gedanken, Gefühle, Träume und Wünsche.

Gedanken sind Kräfte!
Du kannst mit Deinen Gedanken Deine Welt verändern.
Du kannst mit positiven Affirmationen
Deine negativen Glaubenssätze umschreiben.
Und vor allem kannst Du Dich selbst loben und lieben lernen.

Deine Tanja

Meine Empfehlung zur Nutzung am Morgen

Morgens erst einmal eine positive Affirmation schreiben.
Setze Deine Aufgaben und Ziele fest.
Nimm Dir vor etwas für Dich zu tun.
Lege Deine Morgenroutine schriftlich fest.

Meine Empfehlung zur Nutzung am Abend

Übe Dich in Dankbarkeit.
Schreibe auf wie Dein Tag war.
Lobe Dich für alles was Du geschafft hast.
Geh mit einer positiven Affirmation schlafen.

Was ist Selbstliebe?

Selbstliebe ist die allumfassende Annahme
und Wertschätzung seiner selbst.
Dazu zählt: Körper, Charakter, Fähigkeiten, Fehler, Schwächen,
Herkunft, Gefühle, ...

Was bringt uns Selbstliebe?

Persönliches Glück
Eine gute Beziehung zu sich und anderen
Mehr Lebensqualität
Erfolg da, wo Du ihn möchtest
Eine positive Ausstrahlung
Innere Ausgeglichenheit
Gute Work-Life-Balance

Journaling ist eine Form der Selbstfürsorge.

Selbstfürsorge ist eine Haltung
sich selbst gegenüber, die sagt:
Ich bin es wert, dass ich auf mich achte
und dafür Sorge trage, dass es mir gut geht
und ich mich gut um mich kümmere.

5 kraftvolle Affirmationen für Dich

„Ich habe die Kraft,
mir das Leben so zu erschaffen,
wie ich es haben will.“

„Jede Art von negativer Energie prallt von mir ab
und kann mir nicht das Geringste anhaben.“

„Ich ziehe Glück, Liebe, Erfolg und Gesundheit
in mein Leben.“

„Ich arbeite täglich daran meine Ziele zu erreichen
und höre erst damit auf,
wenn ich es gesschafft habe.“

„Ich mach mir meine Welt, wie sie mir gefällt.“
(Pippi Langstrumpf)

Fühle Dich besser in ein paar Sekunden

Atme tief durch Deine Nase für 6 Sekunden ein.

Atme durch Deine halb geöffneten Lippen langsam aus.

Wiederhole das drei Mal.

Realisiere, dass Dein innerer Friede Deine Sorgen überwältigt.
Du hast die Kraft Dich selbst zu beruhigen.

Übe diese neue Kraft in Dir so oft es geht.

Du wirst merken wie es leichter und leichter wird,
Dich selbst zu beruhigen und besser zu fühlen.

„Je bewusster und positiver Du am Morgen
in den Tag startest,
desto besser und erfolgreicher
verläuft der ganze restliche Tag für Dich.

Schreiben am Morgen bringt
mehr Klarheit, Freude, Fokus, Dankbarkeit
und positive Energie.

Schreiben am Abend bringt
Ruhe, Gelassenheit,
und erholsamen Schlaf."

Tanja Hilmer
Personal-, Beauty- & Lifestyle-Coach, Autorin

So könnte deine Morgenroutine aussehen

ENTGIFTEN
z. B. mit Basentee & Chlorella Effect
(Infos und Produkte bei mir erhältlich)

TRINKE ein großes Glas Wasser

ACHTSAMKEIT
z.B. Schreiben, Meditation

BEWEGUNG
z. B. dehnen, Gymnastik

FREUDE
Visualisiere einen erfolgreichen positiven Tag

3 Tipps für ein besseres Beautymindset

Tipp 1

Schreibe alles auf, was Du an Deinem Aussehen magst. So lenkst Du Deine Gedanken über Dich in eine positive Richtung.

Tipp 2

Jetzt schreibe alles auf, was Du an Deinem Aussehen nicht magst. Dann überlege Dir was Du davon beeinflussen kannst, z. B. Haare, Make-up, Figur, etc.
Hierfür kannst Du Workshops besuchen, Beratungen in Anspruch nehmen und Dir Deine eigene Beautyroutine aneignen, um das Beste aus Dir zu machen. Täglich.
Ein wichtiger Punkt für die Selbstliebe und Selbstfürsorge.

Tipp 3

Die unveränderlichen Dinge versuchen wir nun mit Akzeptanz und Dankbarkeit positiv abzumildern.
(Beispiel: Liebe Füße, ihr habt mich schon mein Leben lang überall hingetragen, egal in welche Schuhe ich euch gesteckt habe. Danke dafür und ich werde mich in Zukunft gut um euch kümmern, z. B. regelmäßige Fußpflege.)

Auf die Plätze, fertig und los!!

Los geht's! Nach diesen Anregungen und Tipps
beginne nun mit dem Schreiben.
Optimal sind 5 Minuten nach dem Aufstehen und
5 Minuten kurz vor dem Zu-Bett-Gehen.

So kannst Du den Tag
positiv beginnen und positiv abschließen.
Dein Journal hilft Dir dabei,
Deine Beauty-, Gesundheits- & Mindset-Routine zu finden
und Dich besser zu organisieren.

Du wirst Dich besser fühlen und mehr wertschätzen.

Viel Spaß dabei!

Solltest Du noch mehr Anregungen in den Bereichen
Mindset, Selbstliebe & Beautyroutine brauchen,
findest Du meine Kontaktdaten am Ende des Journals.

Alle Liebe, Deine Tanja

P.S.: Deine Unterschrift dient dazu,
Dein Unterbewusstsein zu stärken. Eine Art „Vertrag" mit Dir
selbst zu schließen, ist eine Form der Manifestation.

Positive und stärkende Affirmation für heute

Ich bin ...

....

....

....

....

Persönliche Me-Time

z. B. Sport, Meditation, lesen, etc.

....

....

....

....

Welche besonderen Wünsche hast Du für den heutigen Tag?

....

....

....

....

Ziel für heute:
Was macht Deinen Tag heute besonders?

Wie startet Deine Beautyroutine
am Morgen?

Was tust Du heute für
Deine Gesundheit und Dein Wohlbefinden?

Wieviel und was hast Du an guter Flüssigkeit (Wasser, Tee) getrunken?

....

....

....

....

Was hast Du heute gegessen und Deinem Körper Gutes getan?

....

....

....

....

Welcher Sport / Bewegung findet / fand heute statt?

....

....

....

....

Fokussiere Dich:
Welche Aufgaben sind heute wichtig?

Welche Aufgaben wären toll
noch zu schaffen?

Für was bist Du heute dankbar?
Ich bin dankbar für ...

Wie beendest Du Deinen Tag und wie ist Deine Beautyroutine am Abend ?

....

....

....

....

Überlege Dir vor dem Einschlafen noch eine besonders positive Sache, die heute passiert ist.

....

....

....

....

Was wünscht Du Dir für den morgigen Tag? Was möchtest Du verbessern?

....

....

....

....

Notizen

Datum: .... Unterschrift: ....

Positive und stärkende Affirmation für heute

Ich bin ...

....

....

....

....

Persönliche Me-Time

z. B. Sport, Meditation, lesen, etc.

....

....

....

....

Welche besonderen Wünsche hast Du für den heutigen Tag?

....

....

....

....

Ziel für heute:
Was macht Deinen Tag heute besonders?

....

....

....

....

Wie startet Deine Beautyroutine
am Morgen?

....

....

....

....

Was tust Du heute für
Deine Gesundheit und Dein Wohlbefinden?

....

....

....

....

Wieviel und was hast Du an guter Flüssigkeit (Wasser, Tee) getrunken?

....

....

....

....

Was hast Du heute gegessen und Deinem Körper Gutes getan?

....

....

....

....

Welcher Sport / Bewegung findet / fand heute statt?

....

....

....

....

Fokussiere Dich:
Welche Aufgaben sind heute wichtig?

....

....

....

....

Welche Aufgaben wären toll noch zu schaffen?

....

....

....

....

Für was bist Du heute dankbar?
Ich bin dankbar für ...

....

....

....

....

Wie beendest Du Deinen Tag und wie ist Deine Beautyroutine am Abend ?

....

....

....

....

Überlege Dir vor dem Einschlafen noch eine besonders positive Sache, die heute passiert ist.

....

....

....

....

Was wünscht Du Dir für den morgigen Tag? Was möchtest Du verbessern?

....

....

....

....

Notizen

Datum: .... Unterschrift: ....

Positive und stärkende Affirmation für heute

Ich bin ...

....

....

....

....

Persönliche Me-Time

z. B. Sport, Meditation, lesen, etc.

....

....

....

....

Welche besonderen Wünsche hast Du für den heutigen Tag?

....

....

....

....

Ziel für heute:
Was macht Deinen Tag heute besonders?

....

....

....

....

Wie startet Deine Beautyroutine
am Morgen?

....

....

....

....

Was tust Du heute für
Deine Gesundheit und Dein Wohlbefinden?

....

....

....

....

Wieviel und was hast Du an guter Flüssigkeit (Wasser, Tee) getrunken?

....

....

....

....

Was hast Du heute gegessen und Deinem Körper Gutes getan?

....

....

....

....

Welcher Sport / Bewegung findet / fand heute statt?

....

....

....

....

Fokussiere Dich:
Welche Aufgaben sind heute wichtig?

....

....

....

....

Welche Aufgaben wären toll noch zu schaffen?

....

....

....

....

Für was bist Du heute dankbar?
Ich bin dankbar für ...

....

....

....

....

**Wie beendest Du Deinen Tag
und wie ist Deine Beautyroutine am Abend ?**

Überlege Dir vor dem Einschlafen noch eine besonders positive Sache, die heute passiert ist.

**Was wünscht Du Dir für den morgigen Tag?
Was möchtest Du verbessern?**

Notizen

Datum: .... Unterschrift: ....

Positive und stärkende Affirmation für heute

Ich bin ...

....

....

....

....

Persönliche Me-Time

z. B. Sport, Meditation, lesen, etc.

....

....

....

....

Welche besonderen Wünsche hast Du für den heutigen Tag?

....

....

....

....

Ziel für heute:
Was macht Deinen Tag heute besonders?

....

....

....

....

Wie startet Deine Beautyroutine am Morgen?

....

....

....

....

Was tust Du heute für Deine Gesundheit und Dein Wohlbefinden?

....

....

....

....

Wieviel und was hast Du an guter Flüssigkeit (Wasser, Tee) getrunken?

....

....

....

....

Was hast Du heute gegessen und Deinem Körper Gutes getan?

....

....

....

....

Welcher Sport / Bewegung findet / fand heute statt?

....

....

....

....

Fokussiere Dich:
Welche Aufgaben sind heute wichtig?

....

....

....

....

Welche Aufgaben wären toll noch zu schaffen?

....

....

....

....

Für was bist Du heute dankbar?
Ich bin dankbar für ...

....

....

....

....

Wie beendest Du Deinen Tag und wie ist Deine Beautyroutine am Abend ?

Überlege Dir vor dem Einschlafen noch eine besonders positive Sache, die heute passiert ist.

Was wünscht Du Dir für den morgigen Tag? Was möchtest Du verbessern?

Notizen

Datum: .... Unterschrift: ....

Positive und stärkende Affirmation für heute

Ich bin ...

....

....

....

....

Persönliche Me-Time

z. B. Sport, Meditation, lesen, etc.

....

....

....

....

Welche besonderen Wünsche hast Du für den heutigen Tag?

....

....

....

....

Ziel für heute:
Was macht Deinen Tag heute besonders?

....

....

....

....

Wie startet Deine Beautyroutine
am Morgen?

....

....

....

....

Was tust Du heute für
Deine Gesundheit und Dein Wohlbefinden?

....

....

....

....

Wieviel und was hast Du an guter Flüssigkeit (Wasser, Tee) getrunken?

....

....

....

....

Was hast Du heute gegessen und Deinem Körper Gutes getan?

....

....

....

....

Welcher Sport / Bewegung findet / fand heute statt?

....

....

....

....

Fokussiere Dich:
Welche Aufgaben sind heute wichtig?

....

....

....

....

Welche Aufgaben wären toll
noch zu schaffen?

....

....

....

....

Für was bist Du heute dankbar?
Ich bin dankbar für ...

....

....

....

....

Wie beendest Du Deinen Tag und wie ist Deine Beautyroutine am Abend ?

....

....

....

....

Überlege Dir vor dem Einschlafen noch eine besonders positive Sache, die heute passiert ist.

....

....

....

....

Was wünscht Du Dir für den morgigen Tag? Was möchtest Du verbessern?

....

....

....

....

Notizen

....

....

....

....

....

....

....

....

....

....

....

....

....

....

....

....

....

Datum: .... Unterschrift: ....

Positive und stärkende Affirmation für heute

Ich bin ...

Persönliche Me-Time

z. B. Sport, Meditation, lesen, etc.

Welche besonderen Wünsche hast Du für den heutigen Tag?

Ziel für heute:
Was macht Deinen Tag heute besonders?

....

....

....

....

Wie startet Deine Beautyroutine
am Morgen?

....

....

....

....

Was tust Du heute für
Deine Gesundheit und Dein Wohlbefinden?

....

....

....

....

Wieviel und was hast Du an guter Flüssigkeit (Wasser, Tee) getrunken?

....

....

....

....

Was hast Du heute gegessen und Deinem Körper Gutes getan?

....

....

....

....

Welcher Sport / Bewegung findet / fand heute statt?

....

....

....

....

Fokussiere Dich:
Welche Aufgaben sind heute wichtig?

....

....

....

....

Welche Aufgaben wären toll noch zu schaffen?

....

....

....

....

Für was bist Du heute dankbar?
Ich bin dankbar für ...

....

....

....

....

Wie beendest Du Deinen Tag und wie ist Deine Beautyroutine am Abend ?

....

....

....

....

Überlege Dir vor dem Einschlafen noch eine besonders positive Sache, die heute passiert ist.

....

....

....

....

Was wünscht Du Dir für den morgigen Tag? Was möchtest Du verbessern?

....

....

....

....

Notizen

Datum: .... Unterschrift: ....

Positive und stärkende Affirmation für heute

Ich bin ...

....

....

....

....

Persönliche Me-Time

z. B. Sport, Meditation, lesen, etc.

....

....

....

....

Welche besonderen Wünsche hast Du für den heutigen Tag?

....

....

....

....

Ziel für heute:
Was macht Deinen Tag heute besonders?

Wie startet Deine Beautyroutine
am Morgen?

Was tust Du heute für
Deine Gesundheit und Dein Wohlbefinden?

Wieviel und was hast Du an guter Flüssigkeit (Wasser, Tee) getrunken?

....

....

....

....

Was hast Du heute gegessen und Deinem Körper Gutes getan?

....

....

....

....

Welcher Sport / Bewegung findet / fand heute statt?

....

....

....

....

Fokussiere Dich:
Welche Aufgaben sind heute wichtig?

....

....

....

....

Welche Aufgaben wären toll
noch zu schaffen?

....

....

....

....

Für was bist Du heute dankbar?
Ich bin dankbar für ...

....

....

....

....

Wie beendest Du Deinen Tag
und wie ist Deine Beautyroutine am Abend ?

....

....

....

....

Überlege Dir vor dem Einschlafen noch eine be-
sonders positive Sache, die heute passiert ist.

....

....

....

....

Was wünscht Du Dir für den morgigen Tag?
Was möchtest Du verbessern?

....

....

....

....

Notizen

Datum: .... Unterschrift: ....

Positive und stärkende Affirmation für heute

Ich bin ...

....

....

....

....

Persönliche Me-Time

z. B. Sport, Meditation, lesen, etc.

....

....

....

....

Welche besonderen Wünsche hast Du für den heutigen Tag?

....

....

....

....

Ziel für heute:
Was macht Deinen Tag heute besonders?

....

....

....

....

Wie startet Deine Beautyroutine
am Morgen?

....

....

....

....

Was tust Du heute für
Deine Gesundheit und Dein Wohlbefinden?

....

....

....

....

Wieviel und was hast Du an guter Flüssigkeit (Wasser, Tee) getrunken?

....

....

....

....

Was hast Du heute gegessen und Deinem Körper Gutes getan?

....

....

....

....

Welcher Sport / Bewegung findet / fand heute statt?

....

....

....

....

Fokussiere Dich:
Welche Aufgaben sind heute wichtig?

....

....

....

....

Welche Aufgaben wären toll noch zu schaffen?

....

....

....

....

Für was bist Du heute dankbar?

Ich bin dankbar für ...

....

....

....

....

Wie beendest Du Deinen Tag und wie ist Deine Beautyroutine am Abend ?

....

....

....

....

Überlege Dir vor dem Einschlafen noch eine besonders positive Sache, die heute passiert ist.

....

....

....

....

Was wünscht Du Dir für den morgigen Tag? Was möchtest Du verbessern?

....

....

....

....

Notizen

Datum: .... Unterschrift: ....

Positive und stärkende Affirmation für heute

Ich bin ...

....

....

....

....

Persönliche Me-Time

z. B. Sport, Meditation, lesen, etc.

....

....

....

....

Welche besonderen Wünsche hast Du für den heutigen Tag?

....

....

....

....

Ziel für heute:
Was macht Deinen Tag heute besonders?

....

....

....

....

Wie startet Deine Beautyroutine
am Morgen?

....

....

....

....

Was tust Du heute für
Deine Gesundheit und Dein Wohlbefinden?

....

....

....

....

Wieviel und was hast Du an guter Flüssigkeit (Wasser, Tee) getrunken?

....

....

....

....

Was hast Du heute gegessen und Deinem Körper Gutes getan?

....

....

....

....

Welcher Sport / Bewegung findet / fand heute statt?

....

....

....

....

Fokussiere Dich:
Welche Aufgaben sind heute wichtig?

....

....

....

....

Welche Aufgaben wären toll noch zu schaffen?

....

....

....

....

Für was bist Du heute dankbar?
Ich bin dankbar für ...

....

....

....

....

**Wie beendest Du Deinen Tag
und wie ist Deine Beautyroutine am Abend ?**

Überlege Dir vor dem Einschlafen noch eine besonders positive Sache, die heute passiert ist.

**Was wünscht Du Dir für den morgigen Tag?
Was möchtest Du verbessern?**

Notizen

....

....

....

....

....

....

....

....

....

....

....

....

....

....

....

....

....

Datum: .... Unterschrift: ....

Positive und stärkende Affirmation für heute

Ich bin ...

....

....

....

....

Persönliche Me-Time

z. B. Sport, Meditation, lesen, etc.

....

....

....

....

Welche besonderen Wünsche hast Du für den heutigen Tag?

....

....

....

....

Ziel für heute:
Was macht Deinen Tag heute besonders?

....

....

....

....

Wie startet Deine Beautyroutine
am Morgen?

....

....

....

....

Was tust Du heute für
Deine Gesundheit und Dein Wohlbefinden?

....

....

....

....

Wieviel und was hast Du an guter Flüssigkeit (Wasser, Tee) getrunken?

....

....

....

....

Was hast Du heute gegessen und Deinem Körper Gutes getan?

....

....

....

....

Welcher Sport / Bewegung findet / fand heute statt?

....

....

....

....

Fokussiere Dich:
Welche Aufgaben sind heute wichtig?

....

....

....

....

Welche Aufgaben wären toll noch zu schaffen?

....

....

....

....

Für was bist Du heute dankbar?

Ich bin dankbar für ...

....

....

....

....

Wie beendest Du Deinen Tag und wie ist Deine Beautyroutine am Abend ?

....

....

....

....

Überlege Dir vor dem Einschlafen noch eine besonders positive Sache, die heute passiert ist.

....

....

....

....

Was wünscht Du Dir für den morgigen Tag? Was möchtest Du verbessern?

....

....

....

....

Notizen

Datum: .... Unterschrift: ....

Positive und stärkende Affirmation für heute

Ich bin ...

....

....

....

....

Persönliche Me-Time

z. B. Sport, Meditation, lesen, etc.

....

....

....

....

Welche besonderen Wünsche hast Du für den heutigen Tag?

....

....

....

....

Ziel für heute:
Was macht Deinen Tag heute besonders?

....

....

....

....

Wie startet Deine Beautyroutine am Morgen?

....

....

....

....

Was tust Du heute für Deine Gesundheit und Dein Wohlbefinden?

....

....

....

....

Wieviel und was hast Du an guter Flüssigkeit (Wasser, Tee) getrunken?

....

....

....

....

Was hast Du heute gegessen und Deinem Körper Gutes getan?

....

....

....

....

Welcher Sport / Bewegung findet / fand heute statt?

....

....

....

....

Fokussiere Dich:
Welche Aufgaben sind heute wichtig?

....

....

....

....

Welche Aufgaben wären toll
noch zu schaffen?

....

....

....

....

Für was bist Du heute dankbar?
Ich bin dankbar für ...

....

....

....

....

Wie beendest Du Deinen Tag und wie ist Deine Beautyroutine am Abend ?

....

....

....

....

Überlege Dir vor dem Einschlafen noch eine besonders positive Sache, die heute passiert ist.

....

....

....

....

Was wünscht Du Dir für den morgigen Tag? Was möchtest Du verbessern?

....

....

....

....

Notizen

Datum: .... Unterschrift: ....

Positive und stärkende Affirmation für heute

Ich bin ...

....

....

....

....

Persönliche Me-Time

z. B. Sport, Meditation, lesen, etc.

....

....

....

....

Welche besonderen Wünsche hast Du für den heutigen Tag?

....

....

....

....

Ziel für heute:
Was macht Deinen Tag heute besonders?

....

....

....

....

Wie startet Deine Beautyroutine am Morgen?

....

....

....

....

Was tust Du heute für Deine Gesundheit und Dein Wohlbefinden?

....

....

....

....

Wieviel und was hast Du an guter Flüssigkeit (Wasser, Tee) getrunken?

....

....

....

....

Was hast Du heute gegessen und Deinem Körper Gutes getan?

....

....

....

....

Welcher Sport / Bewegung findet / fand heute statt?

....

....

....

....

Fokussiere Dich:
Welche Aufgaben sind heute wichtig?

Welche Aufgaben wären toll noch zu schaffen?

Für was bist Du heute dankbar?

Ich bin dankbar für …

Wie beendest Du Deinen Tag und wie ist Deine Beautyroutine am Abend ?

....

....

....

....

Überlege Dir vor dem Einschlafen noch eine besonders positive Sache, die heute passiert ist.

....

....

....

....

Was wünscht Du Dir für den morgigen Tag? Was möchtest Du verbessern?

....

....

....

....

Notizen

....

....

....

....

....

....

....

....

....

....

....

....

....

....

....

....

....

Datum: .... Unterschrift: ....

Positive und stärkende Affirmation für heute

Ich bin ...

....

....

....

....

Persönliche Me-Time

z. B. Sport, Meditation, lesen, etc.

....

....

....

....

Welche besonderen Wünsche hast Du für den heutigen Tag?

....

....

....

....

Ziel für heute:
Was macht Deinen Tag heute besonders?

....

....

....

....

Wie startet Deine Beautyroutine
am Morgen?

....

....

....

....

Was tust Du heute für
Deine Gesundheit und Dein Wohlbefinden?

....

....

....

....

Wieviel und was hast Du an guter Flüssigkeit (Wasser, Tee) getrunken?

....

....

....

....

Was hast Du heute gegessen und Deinem Körper Gutes getan?

....

....

....

....

Welcher Sport / Bewegung findet / fand heute statt?

....

....

....

....

Fokussiere Dich:
Welche Aufgaben sind heute wichtig?

....

....

....

....

Welche Aufgaben wären toll noch zu schaffen?

....

....

....

....

Für was bist Du heute dankbar?

Ich bin dankbar für ...

....

....

....

....

Wie beendest Du Deinen Tag und wie ist Deine Beautyroutine am Abend ?

....

....

....

....

Überlege Dir vor dem Einschlafen noch eine besonders positive Sache, die heute passiert ist.

....

....

....

....

Was wünscht Du Dir für den morgigen Tag? Was möchtest Du verbessern?

....

....

....

....

Notizen

....

....

....

....

....

....

....

....

....

....

....

....

....

....

....

....

....

Datum: .... Unterschrift: ....

Positive und stärkende Affirmation für heute

Ich bin ...

....

....

....

....

Persönliche Me-Time

z. B. Sport, Meditation, lesen, etc.

....

....

....

....

Welche besonderen Wünsche hast Du für den heutigen Tag?

....

....

....

....

Ziel für heute:
Was macht Deinen Tag heute besonders?

....

....

....

....

Wie startet Deine Beautyroutine am Morgen?

....

....

....

....

Was tust Du heute für Deine Gesundheit und Dein Wohlbefinden?

....

....

....

....

Wieviel und was hast Du an guter Flüssigkeit (Wasser, Tee) getrunken?

....

....

....

....

Was hast Du heute gegessen und Deinem Körper Gutes getan?

....

....

....

....

Welcher Sport / Bewegung findet / fand heute statt?

....

....

....

....

Fokussiere Dich:
Welche Aufgaben sind heute wichtig?

....

....

....

....

Welche Aufgaben wären toll noch zu schaffen?

....

....

....

....

Für was bist Du heute dankbar?

Ich bin dankbar für ...

....

....

....

....

Wie beendest Du Deinen Tag
und wie ist Deine Beautyroutine am Abend ?

Überlege Dir vor dem Einschlafen noch eine besonders positive Sache, die heute passiert ist.

Was wünscht Du Dir für den morgigen Tag?
Was möchtest Du verbessern?

Notizen

....

....

....

....

....

....

....

....

....

....

....

....

....

....

....

....

....

Datum: .... Unterschrift: ....

Positive und stärkende Affirmation für heute

Ich bin ...

Persönliche Me-Time

z. B. Sport, Meditation, lesen, etc.

Welche besonderen Wünsche hast Du für den heutigen Tag?

Ziel für heute:
Was macht Deinen Tag heute besonders?

....

....

....

....

Wie startet Deine Beautyroutine
am Morgen?

....

....

....

....

Was tust Du heute für
Deine Gesundheit und Dein Wohlbefinden?

....

....

....

....

Wieviel und was hast Du an guter Flüssigkeit (Wasser, Tee) getrunken?

Was hast Du heute gegessen und Deinem Körper Gutes getan?

Welcher Sport / Bewegung findet / fand heute statt?

Fokussiere Dich:
Welche Aufgaben sind heute wichtig?

....

....

....

....

Welche Aufgaben wären toll noch zu schaffen?

....

....

....

....

Für was bist Du heute dankbar?
Ich bin dankbar für ...

....

....

....

....

Wie beendest Du Deinen Tag und wie ist Deine Beautyroutine am Abend ?

....

....

....

....

Überlege Dir vor dem Einschlafen noch eine besonders positive Sache, die heute passiert ist.

....

....

....

....

Was wünscht Du Dir für den morgigen Tag? Was möchtest Du verbessern?

....

....

....

....

Notizen

....

....

....

....

....

....

....

....

....

....

....

....

....

....

....

....

....

Datum: .... Unterschrift: ....

Positive und stärkende Affirmation für heute

Ich bin …

....

....

....

....

Persönliche Me-Time

z. B. Sport, Meditation, lesen, etc.

....

....

....

....

Welche besonderen Wünsche hast Du für den heutigen Tag?

....

....

....

....

Ziel für heute:
Was macht Deinen Tag heute besonders?

....

....

....

....

Wie startet Deine Beautyroutine
am Morgen?

....

....

....

....

Was tust Du heute für
Deine Gesundheit und Dein Wohlbefinden?

....

....

....

....

Wieviel und was hast Du an guter Flüssigkeit (Wasser, Tee) getrunken?

....

....

....

....

Was hast Du heute gegessen und Deinem Körper Gutes getan?

....

....

....

....

Welcher Sport / Bewegung findet / fand heute statt?

....

....

....

....

Fokussiere Dich:
Welche Aufgaben sind heute wichtig?

....

....

....

....

Welche Aufgaben wären toll noch zu schaffen?

....

....

....

....

Für was bist Du heute dankbar?
Ich bin dankbar für ...

....

....

....

....

Wie beendest Du Deinen Tag und wie ist Deine Beautyroutine am Abend ?

....

....

....

....

Überlege Dir vor dem Einschlafen noch eine besonders positive Sache, die heute passiert ist.

....

....

....

....

Was wünscht Du Dir für den morgigen Tag? Was möchtest Du verbessern?

....

....

....

....

Notizen

....

....

....

....

....

....

....

....

....

....

....

....

....

....

....

....

....

Datum: .... Unterschrift: ....

Positive und stärkende Affirmation für heute

Ich bin ...

....

....

....

....

Persönliche Me-Time

z. B. Sport, Meditation, lesen, etc.

....

....

....

....

Welche besonderen Wünsche hast Du für den heutigen Tag?

....

....

....

....

Ziel für heute:
Was macht Deinen Tag heute besonders?

....

....

....

....

Wie startet Deine Beautyroutine
am Morgen?

....

....

....

....

Was tust Du heute für
Deine Gesundheit und Dein Wohlbefinden?

....

....

....

....

Wieviel und was hast Du an guter Flüssigkeit (Wasser, Tee) getrunken?

....

....

....

....

Was hast Du heute gegessen und Deinem Körper Gutes getan?

....

....

....

....

Welcher Sport / Bewegung findet / fand heute statt?

....

....

....

....

Fokussiere Dich:
Welche Aufgaben sind heute wichtig?

....

....

....

....

Welche Aufgaben wären toll noch zu schaffen?

....

....

....

....

Für was bist Du heute dankbar?

Ich bin dankbar für ...

....

....

....

....

Wie beendest Du Deinen Tag und wie ist Deine Beautyroutine am Abend ?

....

....

....

....

Überlege Dir vor dem Einschlafen noch eine besonders positive Sache, die heute passiert ist.

....

....

....

....

Was wünscht Du Dir für den morgigen Tag? Was möchtest Du verbessern?

....

....

....

....

Notizen

....
....
....
....
....
....
....
....
....
....
....
....
....
....
....
....
....

Datum: .... Unterschrift: ....

Positive und stärkende Affirmation für heute

Ich bin ...

....

....

....

....

Persönliche Me-Time

z. B. Sport, Meditation, lesen, etc.

....

....

....

....

Welche besonderen Wünsche hast Du für den heutigen Tag?

....

....

....

....

Ziel für heute:
Was macht Deinen Tag heute besonders?

....

....

....

....

Wie startet Deine Beautyroutine
am Morgen?

....

....

....

....

Was tust Du heute für
Deine Gesundheit und Dein Wohlbefinden?

....

....

....

....

Wieviel und was hast Du an guter Flüssigkeit (Wasser, Tee) getrunken?

....

....

....

....

Was hast Du heute gegessen und Deinem Körper Gutes getan?

....

....

....

....

Welcher Sport / Bewegung findet / fand heute statt?

....

....

....

....

Fokussiere Dich:
Welche Aufgaben sind heute wichtig?

....

....

....

....

Welche Aufgaben wären toll
noch zu schaffen?

....

....

....

....

Für was bist Du heute dankbar?
Ich bin dankbar für ...

....

....

....

....

Wie beendest Du Deinen Tag und wie ist Deine Beautyroutine am Abend ?

....

....

....

....

Überlege Dir vor dem Einschlafen noch eine besonders positive Sache, die heute passiert ist.

....

....

....

....

Was wünscht Du Dir für den morgigen Tag? Was möchtest Du verbessern?

....

....

....

....

Notizen

....

....

....

....

....

....

....

....

....

....

....

....

....

....

....

....

....

Datum: .... Unterschrift: ....

Positive und stärkende Affirmation für heute

Ich bin ...

....

....

....

....

Persönliche Me-Time

z. B. Sport, Meditation, lesen, etc.

....

....

....

....

Welche besonderen Wünsche hast Du für den heutigen Tag?

....

....

....

....

Ziel für heute:
Was macht Deinen Tag heute besonders?

....

....

....

....

Wie startet Deine Beautyroutine
am Morgen?

....

....

....

....

Was tust Du heute für
Deine Gesundheit und Dein Wohlbefinden?

....

....

....

....

Wieviel und was hast Du an guter Flüssigkeit (Wasser, Tee) getrunken?

Was hast Du heute gegessen und Deinem Körper Gutes getan?

Welcher Sport / Bewegung findet / fand heute statt?

Fokussiere Dich:
Welche Aufgaben sind heute wichtig?

....

....

....

....

Welche Aufgaben wären toll noch zu schaffen?

....

....

....

....

Für was bist Du heute dankbar?
Ich bin dankbar für ...

....

....

....

....

Wie beendest Du Deinen Tag und wie ist Deine Beautyroutine am Abend ?

....

....

....

....

Überlege Dir vor dem Einschlafen noch eine besonders positive Sache, die heute passiert ist.

....

....

....

....

Was wünscht Du Dir für den morgigen Tag? Was möchtest Du verbessern?

....

....

....

....

Notizen

....

....

....

....

....

....

....

....

....

....

....

....

....

....

....

....

....

Datum: .... Unterschrift: ....

Positive und stärkende Affirmation für heute

Ich bin ...

....

....

....

....

Persönliche Me-Time

z. B. Sport, Meditation, lesen, etc.

....

....

....

....

Welche besonderen Wünsche hast Du für den heutigen Tag?

....

....

....

....

Ziel für heute:
Was macht Deinen Tag heute besonders?

....

....

....

....

Wie startet Deine Beautyroutine am Morgen?

....

....

....

....

Was tust Du heute für Deine Gesundheit und Dein Wohlbefinden?

....

....

....

....

Wieviel und was hast Du an guter Flüssigkeit (Wasser, Tee) getrunken?

....

....

....

....

Was hast Du heute gegessen und Deinem Körper Gutes getan?

....

....

....

....

Welcher Sport / Bewegung findet / fand heute statt?

....

....

....

....

Fokussiere Dich:
Welche Aufgaben sind heute wichtig?

....

....

....

....

Welche Aufgaben wären toll noch zu schaffen?

....

....

....

....

Für was bist Du heute dankbar?
Ich bin dankbar für ...

....

....

....

....

Wie beendest Du Deinen Tag und wie ist Deine Beautyroutine am Abend ?

....

....

....

....

Überlege Dir vor dem Einschlafen noch eine besonders positive Sache, die heute passiert ist.

....

....

....

....

Was wünscht Du Dir für den morgigen Tag? Was möchtest Du verbessern?

....

....

....

....

Notizen

....

....

....

....

....

....

....

....

....

....

....

....

....

....

....

....

....

Datum: .... Unterschrift: ....

Positive und stärkende Affirmation für heute

Ich bin ...

. . . .

. . . .

. . . .

. . . .

Persönliche Me-Time

z. B. Sport, Meditation, lesen, etc.

. . . .

. . . .

. . . .

. . . .

Welche besonderen Wünsche hast Du für den heutigen Tag?

. . . .

. . . .

. . . .

. . . .

Ziel für heute:
Was macht Deinen Tag heute besonders?

....

....

....

....

Wie startet Deine Beautyroutine am Morgen?

....

....

....

....

Was tust Du heute für Deine Gesundheit und Dein Wohlbefinden?

....

....

....

....

Wieviel und was hast Du an guter Flüssigkeit (Wasser, Tee) getrunken?

....

....

....

....

Was hast Du heute gegessen und Deinem Körper Gutes getan?

....

....

....

....

Welcher Sport / Bewegung findet / fand heute statt?

....

....

....

....

Fokussiere Dich:
Welche Aufgaben sind heute wichtig?

....

....

....

....

Welche Aufgaben wären toll noch zu schaffen?

....

....

....

....

Für was bist Du heute dankbar?
Ich bin dankbar für ...

....

....

....

....

Wie beendest Du Deinen Tag und wie ist Deine Beautyroutine am Abend ?

Überlege Dir vor dem Einschlafen noch eine besonders positive Sache, die heute passiert ist.

Was wünscht Du Dir für den morgigen Tag? Was möchtest Du verbessern?

Notizen

Datum: ....   Unterschrift: ....

Positive und stärkende Affirmation für heute

Ich bin ...

. . . .

. . . .

. . . .

. . . .

Persönliche Me-Time

z. B. Sport, Meditation, lesen, etc.

. . . .

. . . .

. . . .

. . . .

Welche besonderen Wünsche hast Du für den heutigen Tag?

. . . .

. . . .

. . . .

. . . .

Ziel für heute:
Was macht Deinen Tag heute besonders?

....

....

....

....

Wie startet Deine Beautyroutine
am Morgen?

....

....

....

....

Was tust Du heute für
Deine Gesundheit und Dein Wohlbefinden?

....

....

....

....

Wieviel und was hast Du an guter Flüssigkeit (Wasser, Tee) getrunken?

....

....

....

....

Was hast Du heute gegessen und Deinem Körper Gutes getan?

....

....

....

....

Welcher Sport / Bewegung findet / fand heute statt?

....

....

....

....

Fokussiere Dich:
Welche Aufgaben sind heute wichtig?

....

....

....

....

Welche Aufgaben wären toll noch zu schaffen?

....

....

....

....

Für was bist Du heute dankbar?
Ich bin dankbar für ...

....

....

....

....

Wie beendest Du Deinen Tag und wie ist Deine Beautyroutine am Abend ?

....

....

....

....

Überlege Dir vor dem Einschlafen noch eine besonders positive Sache, die heute passiert ist.

....

....

....

....

Was wünscht Du Dir für den morgigen Tag? Was möchtest Du verbessern?

....

....

....

....

Notizen

....

....

....

....

....

....

....

....

....

....

....

....

....

....

....

....

....

Datum: .... Unterschrift: ....

Positive und stärkende Affirmation für heute

Ich bin ...

....

....

....

....

Persönliche Me-Time

z. B. Sport, Meditation, lesen, etc.

....

....

....

....

Welche besonderen Wünsche hast Du für den heutigen Tag?

....

....

....

....

Ziel für heute:
Was macht Deinen Tag heute besonders?

....

....

....

....

Wie startet Deine Beautyroutine am Morgen?

....

....

....

....

Was tust Du heute für Deine Gesundheit und Dein Wohlbefinden?

....

....

....

....

Wieviel und was hast Du an guter Flüssigkeit (Wasser, Tee) getrunken?

....

....

....

....

Was hast Du heute gegessen und Deinem Körper Gutes getan?

....

....

....

....

Welcher Sport / Bewegung findet / fand heute statt?

....

....

....

....

Fokussiere Dich:
Welche Aufgaben sind heute wichtig?

....

....

....

....

Welche Aufgaben wären toll
noch zu schaffen?

....

....

....

....

Für was bist Du heute dankbar?
Ich bin dankbar für ...

....

....

....

....

Wie beendest Du Deinen Tag und wie ist Deine Beautyroutine am Abend ?

....

....

....

....

Überlege Dir vor dem Einschlafen noch eine besonders positive Sache, die heute passiert ist.

....

....

....

....

Was wünscht Du Dir für den morgigen Tag? Was möchtest Du verbessern?

....

....

....

....

Notizen

....

....

....

....

....

....

....

....

....

....

....

....

....

....

....

....

....

Datum: .... Unterschrift: ....

Positive und stärkende Affirmation für heute

Ich bin ...

. . . .

. . . .

. . . .

. . . .

Persönliche Me-Time

z. B. Sport, Meditation, lesen, etc.

. . . .

. . . .

. . . .

. . . .

Welche besonderen Wünsche hast Du für den heutigen Tag?

. . . .

. . . .

. . . .

. . . .

Ziel für heute:
Was macht Deinen Tag heute besonders?

....

....

....

....

Wie startet Deine Beautyroutine
am Morgen?

....

....

....

....

Was tust Du heute für
Deine Gesundheit und Dein Wohlbefinden?

....

....

....

....

Wieviel und was hast Du an guter Flüssigkeit (Wasser, Tee) getrunken?

Was hast Du heute gegessen und Deinem Körper Gutes getan?

Welcher Sport / Bewegung findet / fand heute statt?

Fokussiere Dich:
Welche Aufgaben sind heute wichtig?

....

....

....

....

Welche Aufgaben wären toll noch zu schaffen?

....

....

....

....

Für was bist Du heute dankbar?
Ich bin dankbar für ...

....

....

....

....

Wie beendest Du Deinen Tag und wie ist Deine Beautyroutine am Abend ?

....

....

....

....

Überlege Dir vor dem Einschlafen noch eine besonders positive Sache, die heute passiert ist.

....

....

....

....

Was wünscht Du Dir für den morgigen Tag?
Was möchtest Du verbessern?

....

....

....

....

Notizen

....

....

....

....

....

....

....

....

....

....

....

....

....

....

....

....

....

Datum: .... Unterschrift: ....

Positive und stärkende Affirmation für heute

Ich bin ...

....

....

....

....

Persönliche Me-Time

z. B. Sport, Meditation, lesen, etc.

....

....

....

....

Welche besonderen Wünsche hast Du für den heutigen Tag?

....

....

....

....

Ziel für heute:
Was macht Deinen Tag heute besonders?

....

....

....

....

Wie startet Deine Beautyroutine
am Morgen?

....

....

....

....

Was tust Du heute für
Deine Gesundheit und Dein Wohlbefinden?

....

....

....

....

Wieviel und was hast Du an guter Flüssigkeit (Wasser, Tee) getrunken?

....

....

....

....

Was hast Du heute gegessen und Deinem Körper Gutes getan?

....

....

....

....

Welcher Sport / Bewegung findet / fand heute statt?

....

....

....

....

Fokussiere Dich:
Welche Aufgaben sind heute wichtig?

....

....

....

....

Welche Aufgaben wären toll noch zu schaffen?

....

....

....

....

Für was bist Du heute dankbar?
Ich bin dankbar für ...

....

....

....

....

Wie beendest Du Deinen Tag und wie ist Deine Beautyroutine am Abend ?

....

....

....

....

Überlege Dir vor dem Einschlafen noch eine besonders positive Sache, die heute passiert ist.

....

....

....

....

Was wünscht Du Dir für den morgigen Tag?
Was möchtest Du verbessern?

....

....

....

....

Notizen

Datum: ....   Unterschrift: ....

Positive und stärkende Affirmation für heute

Ich bin ...

....

....

....

....

Persönliche Me-Time

z. B. Sport, Meditation, lesen, etc.

....

....

....

....

Welche besonderen Wünsche hast Du für den heutigen Tag?

....

....

....

....

Ziel für heute:
Was macht Deinen Tag heute besonders?

....

....

....

....

Wie startet Deine Beautyroutine am Morgen?

....

....

....

....

Was tust Du heute für Deine Gesundheit und Dein Wohlbefinden?

....

....

....

....

Wieviel und was hast Du an guter Flüssigkeit (Wasser, Tee) getrunken?

....

....

....

....

Was hast Du heute gegessen und Deinem Körper Gutes getan?

....

....

....

....

Welcher Sport / Bewegung findet / fand heute statt?

....

....

....

....

Fokussiere Dich:
Welche Aufgaben sind heute wichtig?

....

....

....

....

Welche Aufgaben wären toll noch zu schaffen?

....

....

....

....

Für was bist Du heute dankbar?

Ich bin dankbar für ...

....

....

....

....

Wie beendest Du Deinen Tag und wie ist Deine Beautyroutine am Abend ?

....

....

....

....

Überlege Dir vor dem Einschlafen noch eine besonders positive Sache, die heute passiert ist.

....

....

....

....

Was wünscht Du Dir für den morgigen Tag? Was möchtest Du verbessern?

....

....

....

....

Notizen

....

....

....

....

....

....

....

....

....

....

....

....

....

....

....

....

....

Datum: .... Unterschrift: ....

Positive und stärkende Affirmation für heute

Ich bin ...

....

....

....

....

Persönliche Me-Time

z. B. Sport, Meditation, lesen, etc.

....

....

....

....

Welche besonderen Wünsche hast Du für den heutigen Tag?

....

....

....

....

Ziel für heute:
Was macht Deinen Tag heute besonders?

....

....

....

....

Wie startet Deine Beautyroutine am Morgen?

....

....

....

....

Was tust Du heute für Deine Gesundheit und Dein Wohlbefinden?

....

....

....

....

Wieviel und was hast Du an guter Flüssigkeit (Wasser, Tee) getrunken?

....

....

....

....

Was hast Du heute gegessen und Deinem Körper Gutes getan?

....

....

....

....

Welcher Sport / Bewegung findet / fand heute statt?

....

....

....

....

Fokussiere Dich:
Welche Aufgaben sind heute wichtig?

....

....

....

....

Welche Aufgaben wären toll
noch zu schaffen?

....

....

....

....

Für was bist Du heute dankbar?
Ich bin dankbar für ...

....

....

....

....

Wie beendest Du Deinen Tag und wie ist Deine Beautyroutine am Abend ?

....

....

....

....

Überlege Dir vor dem Einschlafen noch eine besonders positive Sache, die heute passiert ist.

....

....

....

....

Was wünscht Du Dir für den morgigen Tag? Was möchtest Du verbessern?

....

....

....

....

Notizen

....

....

....

....

....

....

....

....

....

....

....

....

....

....

....

....

....

Datum: .... Unterschrift: ....

Positive und stärkende Affirmation für heute

Ich bin ...

....

....

....

....

Persönliche Me-Time

z. B. Sport, Meditation, lesen, etc.

....

....

....

....

Welche besonderen Wünsche hast Du für den heutigen Tag?

....

....

....

....

Ziel für heute:
Was macht Deinen Tag heute besonders?

....

....

....

....

Wie startet Deine Beautyroutine am Morgen?

....

....

....

....

Was tust Du heute für Deine Gesundheit und Dein Wohlbefinden?

....

....

....

....

Wieviel und was hast Du an guter Flüssigkeit (Wasser, Tee) getrunken?

....

....

....

....

Was hast Du heute gegessen und Deinem Körper Gutes getan?

....

....

....

....

Welcher Sport / Bewegung findet / fand heute statt?

....

....

....

....

Fokussiere Dich:
Welche Aufgaben sind heute wichtig?

Welche Aufgaben wären toll noch zu schaffen?

Für was bist Du heute dankbar?

Ich bin dankbar für ...

Wie beendest Du Deinen Tag
und wie ist Deine Beautyroutine am Abend ?

....

....

....

....

Überlege Dir vor dem Einschlafen noch eine besonders positive Sache, die heute passiert ist.

....

....

....

....

Was wünscht Du Dir für den morgigen Tag?
Was möchtest Du verbessern?

....

....

....

....

Notizen

....

....

....

....

....

....

....

....

....

....

....

....

....

....

....

....

....

Datum: .... Unterschrift: ....

Positive und stärkende Affirmation für heute

Ich bin ...

....

....

....

....

Persönliche Me-Time

z. B. Sport, Meditation, lesen, etc.

....

....

....

....

Welche besonderen Wünsche hast Du für den heutigen Tag?

....

....

....

....

Ziel für heute:
Was macht Deinen Tag heute besonders?

....

....

....

....

Wie startet Deine Beautyroutine
am Morgen?

....

....

....

....

Was tust Du heute für
Deine Gesundheit und Dein Wohlbefinden?

....

....

....

....

Wieviel und was hast Du an guter Flüssigkeit (Wasser, Tee) getrunken?

....

....

....

....

Was hast Du heute gegessen und Deinem Körper Gutes getan?

....

....

....

....

Welcher Sport / Bewegung findet / fand heute statt?

....

....

....

....

Fokussiere Dich:
Welche Aufgaben sind heute wichtig?

....

....

....

....

Welche Aufgaben wären toll noch zu schaffen?

....

....

....

....

Für was bist Du heute dankbar?
Ich bin dankbar für ...

....

....

....

....

Wie beendest Du Deinen Tag und wie ist Deine Beautyroutine am Abend ?

....

....

....

....

Überlege Dir vor dem Einschlafen noch eine besonders positive Sache, die heute passiert ist.

....

....

....

....

Was wünscht Du Dir für den morgigen Tag? Was möchtest Du verbessern?

....

....

....

....

Notizen

....

....

....

....

....

....

....

....

....

....

....

....

....

....

....

....

....

Datum: .... Unterschrift: ....

Positive und stärkende Affirmation für heute

Ich bin ...

....

....

....

....

Persönliche Me-Time

z. B. Sport, Meditation, lesen, etc.

....

....

....

....

Welche besonderen Wünsche hast Du für den heutigen Tag?

....

....

....

....

Ziel für heute:
Was macht Deinen Tag heute besonders?

....

....

....

....

Wie startet Deine Beautyroutine
am Morgen?

....

....

....

....

Was tust Du heute für
Deine Gesundheit und Dein Wohlbefinden?

....

....

....

....

Wieviel und was hast Du an guter Flüssigkeit (Wasser, Tee) getrunken?

....

....

....

....

Was hast Du heute gegessen und Deinem Körper Gutes getan?

....

....

....

....

Welcher Sport / Bewegung findet / fand heute statt?

....

....

....

....

Fokussiere Dich:
Welche Aufgaben sind heute wichtig?

....

....

....

....

Welche Aufgaben wären toll noch zu schaffen?

....

....

....

....

Für was bist Du heute dankbar?
Ich bin dankbar für ...

....

....

....

....

Wie beendest Du Deinen Tag und wie ist Deine Beautyroutine am Abend ?

....

....

....

....

Überlege Dir vor dem Einschlafen noch eine besonders positive Sache, die heute passiert ist.

....

....

....

....

Was wünscht Du Dir für den morgigen Tag? Was möchtest Du verbessern?

....

....

....

....

Notizen

....

....

....

....

....

....

....

....

....

....

....

....

....

....

....

....

....

Datum: .... Unterschrift: ....

Positive und stärkende Affirmation für heute

Ich bin ...

Persönliche Me-Time

z. B. Sport, Meditation, lesen, etc.

Welche besonderen Wünsche hast Du für den heutigen Tag?

Ziel für heute:
Was macht Deinen Tag heute besonders?

....

....

....

....

Wie startet Deine Beautyroutine
am Morgen?

....

....

....

....

Was tust Du heute für
Deine Gesundheit und Dein Wohlbefinden?

....

....

....

....

Wieviel und was hast Du an guter Flüssigkeit (Wasser, Tee) getrunken?

....

....

....

....

Was hast Du heute gegessen und Deinem Körper Gutes getan?

....

....

....

....

Welcher Sport / Bewegung findet / fand heute statt?

....

....

....

....

Fokussiere Dich:
Welche Aufgaben sind heute wichtig?

....

....

....

....

Welche Aufgaben wären toll
noch zu schaffen?

....

....

....

....

Für was bist Du heute dankbar?
Ich bin dankbar für ...

....

....

....

....

Wie beendest Du Deinen Tag und wie ist Deine Beautyroutine am Abend ?

....

....

....

....

Überlege Dir vor dem Einschlafen noch eine besonders positive Sache, die heute passiert ist.

....

....

....

....

Was wünscht Du Dir für den morgigen Tag? Was möchtest Du verbessern?

....

....

....

....

Notizen

....

....

....

....

....

....

....

....

....

....

....

....

....

....

....

....

....

Datum: .... Unterschrift: ....

Positive und stärkende Affirmation für heute

Ich bin ...

....

....

....

....

Persönliche Me-Time

z. B. Sport, Meditation, lesen, etc.

....

....

....

....

Welche besonderen Wünsche hast Du für den heutigen Tag?

....

....

....

....

Ziel für heute:
Was macht Deinen Tag heute besonders?

....

....

....

....

Wie startet Deine Beautyroutine
am Morgen?

....

....

....

....

Was tust Du heute für
Deine Gesundheit und Dein Wohlbefinden?

....

....

....

....

Wieviel und was hast Du an guter Flüssigkeit (Wasser, Tee) getrunken?

....

....

....

....

Was hast Du heute gegessen und Deinem Körper Gutes getan?

....

....

....

....

Welcher Sport / Bewegung findet / fand heute statt?

....

....

....

....

Fokussiere Dich:
Welche Aufgaben sind heute wichtig?

....

....

....

....

Welche Aufgaben wären toll noch zu schaffen?

....

....

....

....

Für was bist Du heute dankbar?

Ich bin dankbar für ...

....

....

....

....

Wie beendest Du Deinen Tag und wie ist Deine Beautyroutine am Abend ?

....

....

....

....

Überlege Dir vor dem Einschlafen noch eine besonders positive Sache, die heute passiert ist.

....

....

....

....

Was wünscht Du Dir für den morgigen Tag? Was möchtest Du verbessern?

....

....

....

....

Notizen

Datum: ....   Unterschrift: ....

Positive und stärkende Affirmation für heute

Ich bin ...

....

....

....

....

Persönliche Me-Time

z. B. Sport, Meditation, lesen, etc.

....

....

....

....

Welche besonderen Wünsche hast Du für den heutigen Tag?

....

....

....

....

Ziel für heute:
Was macht Deinen Tag heute besonders?

....

....

....

....

Wie startet Deine Beautyroutine
am Morgen?

....

....

....

....

Was tust Du heute für
Deine Gesundheit und Dein Wohlbefinden?

....

....

....

....

Wieviel und was hast Du an guter Flüssigkeit (Wasser, Tee) getrunken?

....

....

....

....

Was hast Du heute gegessen und Deinem Körper Gutes getan?

....

....

....

....

Welcher Sport / Bewegung findet / fand heute statt?

....

....

....

....

Fokussiere Dich:
Welche Aufgaben sind heute wichtig?

Welche Aufgaben wären toll noch zu schaffen?

Für was bist Du heute dankbar?

Ich bin dankbar für ...

Wie beendest Du Deinen Tag und wie ist Deine Beautyroutine am Abend ?

....

....

....

....

Überlege Dir vor dem Einschlafen noch eine besonders positive Sache, die heute passiert ist.

....

....

....

....

Was wünscht Du Dir für den morgigen Tag? Was möchtest Du verbessern?

....

....

....

....

Notizen

Datum: .... Unterschrift: ....

Positive und stärkende Affirmation für heute

Ich bin ...

....

....

....

....

Persönliche Me-Time

z. B. Sport, Meditation, lesen, etc.

....

....

....

....

Welche besonderen Wünsche hast Du für den heutigen Tag?

....

....

....

....

Ziel für heute:
Was macht Deinen Tag heute besonders?

....

....

....

....

Wie startet Deine Beautyroutine
am Morgen?

....

....

....

....

Was tust Du heute für
Deine Gesundheit und Dein Wohlbefinden?

....

....

....

....

Wieviel und was hast Du an guter Flüssigkeit (Wasser, Tee) getrunken?

....

....

....

....

Was hast Du heute gegessen und Deinem Körper Gutes getan?

....

....

....

....

Welcher Sport / Bewegung findet / fand heute statt?

....

....

....

....

Fokussiere Dich:
Welche Aufgaben sind heute wichtig?

....

....

....

....

Welche Aufgaben wären toll
noch zu schaffen?

....

....

....

....

Für was bist Du heute dankbar?
Ich bin dankbar für ...

....

....

....

....

Wie beendest Du Deinen Tag und wie ist Deine Beautyroutine am Abend ?

....

....

....

....

Überlege Dir vor dem Einschlafen noch eine besonders positive Sache, die heute passiert ist.

....

....

....

....

Was wünscht Du Dir für den morgigen Tag? Was möchtest Du verbessern?

....

....

....

....

Notizen

....

....

....

....

....

....

....

....

....

....

....

....

....

....

....

....

....

Datum: .... Unterschrift: ....

Positive und stärkende Affirmation für heute

Ich bin ...

....

....

....

....

Persönliche Me-Time

z. B. Sport, Meditation, lesen, etc.

....

....

....

....

Welche besonderen Wünsche hast Du für den heutigen Tag?

....

....

....

....

Ziel für heute:
Was macht Deinen Tag heute besonders?

....

....

....

....

Wie startet Deine Beautyroutine am Morgen?

....

....

....

....

Was tust Du heute für Deine Gesundheit und Dein Wohlbefinden?

....

....

....

....

Wieviel und was hast Du an guter Flüssigkeit (Wasser, Tee) getrunken?

....

....

....

....

Was hast Du heute gegessen und Deinem Körper Gutes getan?

....

....

....

....

Welcher Sport / Bewegung findet / fand heute statt?

....

....

....

....

Fokussiere Dich:
Welche Aufgaben sind heute wichtig?

....

....

....

....

Welche Aufgaben wären toll
noch zu schaffen?

....

....

....

....

Für was bist Du heute dankbar?
Ich bin dankbar für ...

....

....

....

....

Wie beendest Du Deinen Tag und wie ist Deine Beautyroutine am Abend ?

....

....

....

....

Überlege Dir vor dem Einschlafen noch eine besonders positive Sache, die heute passiert ist.

....

....

....

....

Was wünscht Du Dir für den morgigen Tag? Was möchtest Du verbessern?

....

....

....

....

Notizen

Datum: .... Unterschrift: ....

Positive und stärkende Affirmation für heute
Ich bin ...

....

....

....

....

Persönliche Me-Time
z. B. Sport, Meditation, lesen, etc.

....

....

....

....

Welche besonderen Wünsche hast Du für den heutigen Tag?

....

....

....

....

Ziel für heute:
Was macht Deinen Tag heute besonders?

....

....

....

....

Wie startet Deine Beautyroutine am Morgen?

....

....

....

....

Was tust Du heute für Deine Gesundheit und Dein Wohlbefinden?

....

....

....

....

Wieviel und was hast Du an guter Flüssigkeit (Wasser, Tee) getrunken?

....

....

....

....

Was hast Du heute gegessen und Deinem Körper Gutes getan?

....

....

....

....

Welcher Sport / Bewegung findet / fand heute statt?

....

....

....

....

Fokussiere Dich:
Welche Aufgaben sind heute wichtig?

Welche Aufgaben wären toll noch zu schaffen?

Für was bist Du heute dankbar?

Ich bin dankbar für ...

Wie beendest Du Deinen Tag und wie ist Deine Beautyroutine am Abend ?

....

....

....

....

Überlege Dir vor dem Einschlafen noch eine besonders positive Sache, die heute passiert ist.

....

....

....

....

Was wünscht Du Dir für den morgigen Tag? Was möchtest Du verbessern?

....

....

....

....

Notizen

....

....

....

....

....

....

....

....

....

....

....

....

....

....

....

....

....

Datum: .... Unterschrift: ....

Positive und stärkende Affirmation für heute

Ich bin ...

....

....

....

....

Persönliche Me-Time

z. B. Sport, Meditation, lesen, etc.

....

....

....

....

Welche besonderen Wünsche hast Du für den heutigen Tag?

....

....

....

....

Ziel für heute:
Was macht Deinen Tag heute besonders?

....

....

....

....

Wie startet Deine Beautyroutine am Morgen?

....

....

....

....

Was tust Du heute für Deine Gesundheit und Dein Wohlbefinden?

....

....

....

....

Wieviel und was hast Du an guter Flüssigkeit (Wasser, Tee) getrunken?

....

....

....

....

Was hast Du heute gegessen und Deinem Körper Gutes getan?

....

....

....

....

Welcher Sport / Bewegung findet / fand heute statt?

....

....

....

....

Fokussiere Dich:
Welche Aufgaben sind heute wichtig?

....

....

....

....

Welche Aufgaben wären toll noch zu schaffen?

....

....

....

....

Für was bist Du heute dankbar?
Ich bin dankbar für ...

....

....

....

....

Wie beendest Du Deinen Tag
und wie ist Deine Beautyroutine am Abend ?

....

....

....

....

Überlege Dir vor dem Einschlafen noch eine besonders positive Sache, die heute passiert ist.

....

....

....

....

Was wünscht Du Dir für den morgigen Tag?
Was möchtest Du verbessern?

....

....

....

....

Notizen

....

....

....

....

....

....

....

....

....

....

....

....

....

....

....

....

....

Datum: .... Unterschrift: ....

Positive und stärkende Affirmation für heute

Ich bin ...

....

....

....

....

Persönliche Me-Time

z. B. Sport, Meditation, lesen, etc.

....

....

....

....

Welche besonderen Wünsche hast Du für den heutigen Tag?

....

....

....

....

Ziel für heute:
Was macht Deinen Tag heute besonders?

. . . .

. . . .

. . . .

. . . .

Wie startet Deine Beautyroutine
am Morgen?

. . . .

. . . .

. . . .

. . . .

Was tust Du heute für
Deine Gesundheit und Dein Wohlbefinden?

. . . .

. . . .

. . . .

. . . .

Wieviel und was hast Du an guter Flüssigkeit (Wasser, Tee) getrunken?

....

....

....

....

Was hast Du heute gegessen und Deinem Körper Gutes getan?

....

....

....

....

Welcher Sport / Bewegung findet / fand heute statt?

....

....

....

....

Fokussiere Dich:
Welche Aufgaben sind heute wichtig?

....

....

....

....

Welche Aufgaben wären toll noch zu schaffen?

....

....

....

....

Für was bist Du heute dankbar?
Ich bin dankbar für ...

....

....

....

....

Wie beendest Du Deinen Tag und wie ist Deine Beautyroutine am Abend ?

....

....

....

....

Überlege Dir vor dem Einschlafen noch eine besonders positive Sache, die heute passiert ist.

....

....

....

....

Was wünscht Du Dir für den morgigen Tag? Was möchtest Du verbessern?

....

....

....

....

Notizen

....

....

....

....

....

....

....

....

....

....

....

....

....

....

....

....

....

Datum: .... Unterschrift: ....

Positive und stärkende Affirmation für heute

Ich bin ...

....

....

....

....

Persönliche Me-Time

z. B. Sport, Meditation, lesen, etc.

....

....

....

....

Welche besonderen Wünsche hast Du für den heutigen Tag?

....

....

....

....

Ziel für heute:
Was macht Deinen Tag heute besonders?

....

....

....

....

Wie startet Deine Beautyroutine am Morgen?

....

....

....

....

Was tust Du heute für Deine Gesundheit und Dein Wohlbefinden?

....

....

....

....

Wieviel und was hast Du an guter Flüssigkeit (Wasser, Tee) getrunken?

....

....

....

....

Was hast Du heute gegessen und Deinem Körper Gutes getan?

....

....

....

....

Welcher Sport / Bewegung findet / fand heute statt?

....

....

....

....

Fokussiere Dich:
Welche Aufgaben sind heute wichtig?

....

....

....

....

Welche Aufgaben wären toll noch zu schaffen?

....

....

....

....

Für was bist Du heute dankbar?

Ich bin dankbar für ...

....

....

....

....

Wie beendest Du Deinen Tag und wie ist Deine Beautyroutine am Abend ?

....

....

....

....

Überlege Dir vor dem Einschlafen noch eine besonders positive Sache, die heute passiert ist.

....

....

....

....

Was wünscht Du Dir für den morgigen Tag? Was möchtest Du verbessern?

....

....

....

....

Notizen

....

....

....

....

....

....

....

....

....

....

....

....

....

....

....

....

....

Datum: .... Unterschrift: ....

Positive und stärkende Affirmation für heute

Ich bin ...

....

....

....

....

Persönliche Me-Time

z. B. Sport, Meditation, lesen, etc.

....

....

....

....

Welche besonderen Wünsche hast Du für den heutigen Tag?

....

....

....

....

Ziel für heute:
Was macht Deinen Tag heute besonders?

....

....

....

....

Wie startet Deine Beautyroutine am Morgen?

....

....

....

....

Was tust Du heute für Deine Gesundheit und Dein Wohlbefinden?

....

....

....

....

Wieviel und was hast Du an guter Flüssigkeit (Wasser, Tee) getrunken?

....

....

....

....

Was hast Du heute gegessen und Deinem Körper Gutes getan?

....

....

....

....

Welcher Sport / Bewegung findet / fand heute statt?

....

....

....

....

Fokussiere Dich:
Welche Aufgaben sind heute wichtig?

....

....

....

....

Welche Aufgaben wären toll
noch zu schaffen?

....

....

....

....

Für was bist Du heute dankbar?
Ich bin dankbar für ...

....

....

....

....

Wie beendest Du Deinen Tag und wie ist Deine Beautyroutine am Abend ?

....

....

....

....

Überlege Dir vor dem Einschlafen noch eine besonders positive Sache, die heute passiert ist.

....

....

....

....

Was wünscht Du Dir für den morgigen Tag? Was möchtest Du verbessern?

....

....

....

....

Notizen

....

....

....

....

....

....

....

....

....

....

....

....

....

....

....

....

....

Datum: .... Unterschrift: ....

Positive und stärkende Affirmation für heute
Ich bin ...

....

....

....

....

Persönliche Me-Time
z. B. Sport, Meditation, lesen, etc.

....

....

....

....

Welche besonderen Wünsche hast Du für den heutigen Tag?

....

....

....

....

Ziel für heute:
Was macht Deinen Tag heute besonders?

Wie startet Deine Beautyroutine am Morgen?

Was tust Du heute für Deine Gesundheit und Dein Wohlbefinden?

Wieviel und was hast Du an guter Flüssigkeit (Wasser, Tee) getrunken?

....

....

....

....

Was hast Du heute gegessen und Deinem Körper Gutes getan?

....

....

....

....

Welcher Sport / Bewegung findet / fand heute statt?

....

....

....

....

Fokussiere Dich:
Welche Aufgaben sind heute wichtig?

....

....

....

....

Welche Aufgaben wären toll
noch zu schaffen?

....

....

....

....

Für was bist Du heute dankbar?
Ich bin dankbar für ...

....

....

....

....

Wie beendest Du Deinen Tag
und wie ist Deine Beautyroutine am Abend ?

....

....

....

....

Überlege Dir vor dem Einschlafen noch eine be-
sonders positive Sache, die heute passiert ist.

....

....

....

....

Was wünscht Du Dir für den morgigen Tag?
Was möchtest Du verbessern?

....

....

....

....

Notizen

Datum: .... Unterschrift: ....

Positive und stärkende Affirmation für heute

Ich bin ...

Persönliche Me-Time

z. B. Sport, Meditation, lesen, etc.

Welche besonderen Wünsche hast Du für den heutigen Tag?

Ziel für heute:
Was macht Deinen Tag heute besonders?

....

....

....

....

Wie startet Deine Beautyroutine
am Morgen?

....

....

....

....

Was tust Du heute für
Deine Gesundheit und Dein Wohlbefinden?

....

....

....

....

Wieviel und was hast Du an guter Flüssigkeit (Wasser, Tee) getrunken?

....

....

....

....

Was hast Du heute gegessen und Deinem Körper Gutes getan?

....

....

....

....

Welcher Sport / Bewegung findet / fand heute statt?

....

....

....

....

Fokussiere Dich:
Welche Aufgaben sind heute wichtig?

....

....

....

....

Welche Aufgaben wären toll noch zu schaffen?

....

....

....

....

Für was bist Du heute dankbar?

Ich bin dankbar für ...

....

....

....

....

Wie beendest Du Deinen Tag
und wie ist Deine Beautyroutine am Abend ?

....

....

....

....

Überlege Dir vor dem Einschlafen noch eine be-
sonders positive Sache, die heute passiert ist.

....

....

....

....

Was wünscht Du Dir für den morgigen Tag?
Was möchtest Du verbessern?

....

....

....

....

Notizen

....

....

....

....

....

....

....

....

....

....

....

....

....

....

....

....

....

Datum: .... Unterschrift: ....

Positive und stärkende Affirmation für heute

Ich bin ...

....

....

....

....

Persönliche Me-Time

z. B. Sport, Meditation, lesen, etc.

....

....

....

....

Welche besonderen Wünsche hast Du für den heutigen Tag?

....

....

....

....

Ziel für heute:
Was macht Deinen Tag heute besonders?

Wie startet Deine Beautyroutine am Morgen?

Was tust Du heute für Deine Gesundheit und Dein Wohlbefinden?

Wieviel und was hast Du an guter Flüssigkeit (Wasser, Tee) getrunken?

....

....

....

....

Was hast Du heute gegessen und Deinem Körper Gutes getan?

....

....

....

....

Welcher Sport / Bewegung findet / fand heute statt?

....

....

....

....

Fokussiere Dich:
Welche Aufgaben sind heute wichtig?

....

....

....

....

Welche Aufgaben wären toll noch zu schaffen?

....

....

....

....

Für was bist Du heute dankbar?

Ich bin dankbar für ...

....

....

....

....

Wie beendest Du Deinen Tag und wie ist Deine Beautyroutine am Abend ?

....

....

....

....

Überlege Dir vor dem Einschlafen noch eine besonders positive Sache, die heute passiert ist.

....

....

....

....

Was wünscht Du Dir für den morgigen Tag? Was möchtest Du verbessern?

....

....

....

....

Notizen

....

....

....

....

....

....

....

....

....

....

....

....

....

....

....

....

....

Datum: .... Unterschrift: ....

Positive und stärkende Affirmation für heute

Ich bin ...

....

....

....

....

Persönliche Me-Time

z. B. Sport, Meditation, lesen, etc.

....

....

....

....

Welche besonderen Wünsche hast Du für den heutigen Tag?

....

....

....

....

Ziel für heute:
Was macht Deinen Tag heute besonders?

....

....

....

....

Wie startet Deine Beautyroutine
am Morgen?

....

....

....

....

Was tust Du heute für
Deine Gesundheit und Dein Wohlbefinden?

....

....

....

....

♥ **Wieviel und was hast Du an guter Flüssigkeit (Wasser, Tee) getrunken?**

....

....

....

....

♥ **Was hast Du heute gegessen und Deinem Körper Gutes getan?**

....

....

....

....

♥ **Welcher Sport / Bewegung findet / fand heute statt?**

....

....

....

....

Fokussiere Dich:
Welche Aufgaben sind heute wichtig?

....

....

....

....

Welche Aufgaben wären toll noch zu schaffen?

....

....

....

....

Für was bist Du heute dankbar?

Ich bin dankbar für ...

....

....

....

....

Wie beendest Du Deinen Tag und wie ist Deine Beautyroutine am Abend ?

....

....

....

....

Überlege Dir vor dem Einschlafen noch eine besonders positive Sache, die heute passiert ist.

....

....

....

....

Was wünscht Du Dir für den morgigen Tag? Was möchtest Du verbessern?

....

....

....

....

Notizen

....

....

....

....

....

....

....

....

....

....

....

....

....

....

....

....

....

Datum: .... Unterschrift: ....

Positive und stärkende Affirmation für heute

Ich bin ...

....

....

....

....

Persönliche Me-Time

z. B. Sport, Meditation, lesen, etc.

....

....

....

....

Welche besonderen Wünsche hast Du für den heutigen Tag?

....

....

....

....

Ziel für heute:
Was macht Deinen Tag heute besonders?

....

....

....

....

Wie startet Deine Beautyroutine
am Morgen?

....

....

....

....

Was tust Du heute für
Deine Gesundheit und Dein Wohlbefinden?

....

....

....

....

Wieviel und was hast Du an guter Flüssigkeit (Wasser, Tee) getrunken?

Was hast Du heute gegessen und Deinem Körper Gutes getan?

Welcher Sport / Bewegung findet / fand heute statt?

Fokussiere Dich:
Welche Aufgaben sind heute wichtig?

....

....

....

....

Welche Aufgaben wären toll noch zu schaffen?

....

....

....

....

Für was bist Du heute dankbar?
Ich bin dankbar für ...

....

....

....

....

Wie beendest Du Deinen Tag und wie ist Deine Beautyroutine am Abend ?

....

....

....

....

Überlege Dir vor dem Einschlafen noch eine besonders positive Sache, die heute passiert ist.

....

....

....

....

Was wünscht Du Dir für den morgigen Tag? Was möchtest Du verbessern?

....

....

....

....

Notizen

....

....

....

....

....

....

....

....

....

....

....

....

....

....

....

....

....

Datum: .... Unterschrift: ....

Positive und stärkende Affirmation für heute

Ich bin ...

....

....

....

....

Persönliche Me-Time

z. B. Sport, Meditation, lesen, etc.

....

....

....

....

Welche besonderen Wünsche hast Du für den heutigen Tag?

....

....

....

....

Ziel für heute:
Was macht Deinen Tag heute besonders?

....

....

....

....

Wie startet Deine Beautyroutine
am Morgen?

....

....

....

....

Was tust Du heute für
Deine Gesundheit und Dein Wohlbefinden?

....

....

....

....

Wieviel und was hast Du an guter Flüssigkeit (Wasser, Tee) getrunken?

....

....

....

....

Was hast Du heute gegessen und Deinem Körper Gutes getan?

....

....

....

....

Welcher Sport / Bewegung findet / fand heute statt?

....

....

....

....

Fokussiere Dich:
Welche Aufgaben sind heute wichtig?

....

....

....

....

Welche Aufgaben wären toll noch zu schaffen?

....

....

....

....

Für was bist Du heute dankbar?

Ich bin dankbar für ...

....

....

....

....

Wie beendest Du Deinen Tag und wie ist Deine Beautyroutine am Abend ?

....

....

....

....

Überlege Dir vor dem Einschlafen noch eine besonders positive Sache, die heute passiert ist.

....

....

....

....

Was wünscht Du Dir für den morgigen Tag? Was möchtest Du verbessern?

....

....

....

....

Notizen

....

....

....

....

....

....

....

....

....

....

....

....

....

....

....

....

....

Datum: .... Unterschrift: ....

Positive und stärkende Affirmation für heute

Ich bin ...

....

....

....

....

Persönliche Me-Time

z. B. Sport, Meditation, lesen, etc.

....

....

....

....

Welche besonderen Wünsche hast Du für den heutigen Tag?

....

....

....

....

Ziel für heute:
Was macht Deinen Tag heute besonders?

....

....

....

....

Wie startet Deine Beautyroutine
am Morgen?

....

....

....

....

Was tust Du heute für
Deine Gesundheit und Dein Wohlbefinden?

....

....

....

....

Wieviel und was hast Du an guter Flüssigkeit (Wasser, Tee) getrunken?

....

....

....

....

Was hast Du heute gegessen und Deinem Körper Gutes getan?

....

....

....

....

Welcher Sport / Bewegung findet / fand heute statt?

....

....

....

....

Fokussiere Dich:
Welche Aufgaben sind heute wichtig?

....

....

....

....

Welche Aufgaben wären toll noch zu schaffen?

....

....

....

....

Für was bist Du heute dankbar?

Ich bin dankbar für ...

....

....

....

....

Wie beendest Du Deinen Tag und wie ist Deine Beautyroutine am Abend ?

....

....

....

....

Überlege Dir vor dem Einschlafen noch eine besonders positive Sache, die heute passiert ist.

....

....

....

....

Was wünscht Du Dir für den morgigen Tag? Was möchtest Du verbessern?

....

....

....

....

Notizen

....
....
....
....
....
....
....
....
....
....
....
....
....
....
....
....
....

Datum: .... Unterschrift: ....

Positive und stärkende Affirmation für heute

Ich bin ...

....

....

....

....

Persönliche Me-Time

z. B. Sport, Meditation, lesen, etc.

....

....

....

....

Welche besonderen Wünsche hast Du für den heutigen Tag?

....

....

....

....

Ziel für heute:
Was macht Deinen Tag heute besonders?

....

....

....

....

Wie startet Deine Beautyroutine
am Morgen?

....

....

....

....

Was tust Du heute für
Deine Gesundheit und Dein Wohlbefinden?

....

....

....

....

Wieviel und was hast Du an guter Flüssigkeit (Wasser, Tee) getrunken?

....

....

....

....

Was hast Du heute gegessen und Deinem Körper Gutes getan?

....

....

....

....

Welcher Sport / Bewegung findet / fand heute statt?

....

....

....

....

Fokussiere Dich:
Welche Aufgaben sind heute wichtig?

....

....

....

....

Welche Aufgaben wären toll noch zu schaffen?

....

....

....

....

Für was bist Du heute dankbar?
Ich bin dankbar für ...

....

....

....

....

Wie beendest Du Deinen Tag und wie ist Deine Beautyroutine am Abend ?

....

....

....

....

Überlege Dir vor dem Einschlafen noch eine besonders positive Sache, die heute passiert ist.

....

....

....

....

Was wünscht Du Dir für den morgigen Tag? Was möchtest Du verbessern?

....

....

....

....

Notizen

....

....

....

....

....

....

....

....

....

....

....

....

....

....

....

....

....

Datum: .... Unterschrift: ....

Positive und stärkende Affirmation für heute

Ich bin ...

....

....

....

....

Persönliche Me-Time

z. B. Sport, Meditation, lesen, etc.

....

....

....

....

Welche besonderen Wünsche hast Du für den heutigen Tag?

....

....

....

....

Ziel für heute:
Was macht Deinen Tag heute besonders?

....

....

....

....

Wie startet Deine Beautyroutine am Morgen?

....

....

....

....

Was tust Du heute für Deine Gesundheit und Dein Wohlbefinden?

....

....

....

....

Wieviel und was hast Du an guter Flüssigkeit (Wasser, Tee) getrunken?

....

....

....

....

Was hast Du heute gegessen und Deinem Körper Gutes getan?

....

....

....

....

Welcher Sport / Bewegung findet / fand heute statt?

....

....

....

....

Fokussiere Dich:
Welche Aufgaben sind heute wichtig?

Welche Aufgaben wären toll noch zu schaffen?

Für was bist Du heute dankbar?
Ich bin dankbar für ...

Wie beendest Du Deinen Tag
und wie ist Deine Beautyroutine am Abend ?

Überlege Dir vor dem Einschlafen noch eine besonders positive Sache, die heute passiert ist.

Was wünscht Du Dir für den morgigen Tag?
Was möchtest Du verbessern?

Notizen

....

....

....

....

....

....

....

....

....

....

....

....

....

....

....

....

....

Datum: .... Unterschrift: ....

Positive und stärkende Affirmation für heute

Ich bin ...

....

....

....

....

Persönliche Me-Time

z. B. Sport, Meditation, lesen, etc.

....

....

....

....

Welche besonderen Wünsche hast Du für den heutigen Tag?

....

....

....

....

Ziel für heute:
Was macht Deinen Tag heute besonders?

....

....

....

....

Wie startet Deine Beautyroutine
am Morgen?

....

....

....

....

Was tust Du heute für
Deine Gesundheit und Dein Wohlbefinden?

....

....

....

....

Wieviel und was hast Du an guter Flüssigkeit (Wasser, Tee) getrunken?

....

....

....

....

Was hast Du heute gegessen und Deinem Körper Gutes getan?

....

....

....

....

Welcher Sport / Bewegung findet / fand heute statt?

....

....

....

....

Fokussiere Dich:
Welche Aufgaben sind heute wichtig?

....

....

....

....

Welche Aufgaben wären toll noch zu schaffen?

....

....

....

....

Für was bist Du heute dankbar?

Ich bin dankbar für ...

....

....

....

....

Wie beendest Du Deinen Tag und wie ist Deine Beautyroutine am Abend ?

. . . .

. . . .

. . . .

. . . .

Überlege Dir vor dem Einschlafen noch eine besonders positive Sache, die heute passiert ist.

. . . .

. . . .

. . . .

. . . .

Was wünscht Du Dir für den morgigen Tag? Was möchtest Du verbessern?

. . . .

. . . .

. . . .

. . . .

Notizen

....

....

....

....

....

....

....

....

....

....

....

....

....

....

....

....

....

Datum: .... Unterschrift: ....

Positive und stärkende Affirmation für heute

Ich bin ...

....

....

....

....

Persönliche Me-Time

z. B. Sport, Meditation, lesen, etc.

....

....

....

....

Welche besonderen Wünsche hast Du für den heutigen Tag?

....

....

....

....

Ziel für heute:
Was macht Deinen Tag heute besonders?

. . . .

. . . .

. . . .

. . . .

Wie startet Deine Beautyroutine
am Morgen?

. . . .

. . . .

. . . .

. . . .

Was tust Du heute für
Deine Gesundheit und Dein Wohlbefinden?

. . . .

. . . .

. . . .

. . . .

Wieviel und was hast Du an guter Flüssigkeit (Wasser, Tee) getrunken?

....

....

....

....

Was hast Du heute gegessen und Deinem Körper Gutes getan?

....

....

....

....

Welcher Sport / Bewegung findet / fand heute statt?

....

....

....

....

Fokussiere Dich:
Welche Aufgaben sind heute wichtig?

....

....

....

....

Welche Aufgaben wären toll noch zu schaffen?

....

....

....

....

Für was bist Du heute dankbar?

Ich bin dankbar für ...

....

....

....

....

Wie beendest Du Deinen Tag und wie ist Deine Beautyroutine am Abend ?

....

....

....

....

Überlege Dir vor dem Einschlafen noch eine besonders positive Sache, die heute passiert ist.

....

....

....

....

Was wünscht Du Dir für den morgigen Tag? Was möchtest Du verbessern?

....

....

....

....

Notizen

Datum: .... Unterschrift: ....

Positive und stärkende Affirmation für heute

Ich bin ...

....

....

....

....

Persönliche Me-Time

z. B. Sport, Meditation, lesen, etc.

....

....

....

....

Welche besonderen Wünsche hast Du für den heutigen Tag?

....

....

....

....

Ziel für heute:
Was macht Deinen Tag heute besonders?

....

....

....

....

Wie startet Deine Beautyroutine am Morgen?

....

....

....

....

Was tust Du heute für Deine Gesundheit und Dein Wohlbefinden?

....

....

....

....

Wieviel und was hast Du an guter Flüssigkeit (Wasser, Tee) getrunken?

....

....

....

....

Was hast Du heute gegessen und Deinem Körper Gutes getan?

....

....

....

....

Welcher Sport / Bewegung findet / fand heute statt?

....

....

....

....

Fokussiere Dich:
Welche Aufgaben sind heute wichtig?

....

....

....

....

Welche Aufgaben wären toll noch zu schaffen?

....

....

....

....

Für was bist Du heute dankbar?
Ich bin dankbar für ...

....

....

....

....

Wie beendest Du Deinen Tag und wie ist Deine Beautyroutine am Abend ?

....

....

....

....

Überlege Dir vor dem Einschlafen noch eine besonders positive Sache, die heute passiert ist.

....

....

....

....

Was wünscht Du Dir für den morgigen Tag? Was möchtest Du verbessern?

....

....

....

....

Notizen

....

....

....

....

....

....

....

....

....

....

....

....

....

....

....

....

....

Datum: .... Unterschrift: ....

Positive und stärkende Affirmation für heute

Ich bin ...

....

....

....

....

Persönliche Me-Time

z. B. Sport, Meditation, lesen, etc.

....

....

....

....

Welche besonderen Wünsche hast Du für den heutigen Tag?

....

....

....

....

Ziel für heute:
Was macht Deinen Tag heute besonders?

....

....

....

....

Wie startet Deine Beautyroutine am Morgen?

....

....

....

....

Was tust Du heute für Deine Gesundheit und Dein Wohlbefinden?

....

....

....

....

Wieviel und was hast Du an guter Flüssigkeit (Wasser, Tee) getrunken?

....

....

....

....

Was hast Du heute gegessen und Deinem Körper Gutes getan?

....

....

....

....

Welcher Sport / Bewegung findet / fand heute statt?

....

....

....

....

Fokussiere Dich:
Welche Aufgaben sind heute wichtig?

....

....

....

....

Welche Aufgaben wären toll
noch zu schaffen?

....

....

....

....

Für was bist Du heute dankbar?
Ich bin dankbar für ...

....

....

....

....

Wie beendest Du Deinen Tag und wie ist Deine Beautyroutine am Abend ?

....

....

....

....

Überlege Dir vor dem Einschlafen noch eine besonders positive Sache, die heute passiert ist.

....

....

....

....

Was wünscht Du Dir für den morgigen Tag? Was möchtest Du verbessern?

....

....

....

....

Notizen

Datum: .... Unterschrift: ....

Positive und stärkende Affirmation für heute

Ich bin ...

....

....

....

....

Persönliche Me-Time

z. B. Sport, Meditation, lesen, etc.

....

....

....

....

Welche besonderen Wünsche hast Du für den heutigen Tag?

....

....

....

....

Ziel für heute:
Was macht Deinen Tag heute besonders?

....

....

....

....

Wie startet Deine Beautyroutine am Morgen?

....

....

....

....

Was tust Du heute für Deine Gesundheit und Dein Wohlbefinden?

....

....

....

....

Wieviel und was hast Du an guter Flüssigkeit (Wasser, Tee) getrunken?

....

....

....

....

Was hast Du heute gegessen und Deinem Körper Gutes getan?

....

....

....

....

Welcher Sport / Bewegung findet / fand heute statt?

....

....

....

....

Fokussiere Dich:
Welche Aufgaben sind heute wichtig?

....

....

....

....

Welche Aufgaben wären toll
noch zu schaffen?

....

....

....

....

Für was bist Du heute dankbar?
Ich bin dankbar für ...

....

....

....

....

Wie beendest Du Deinen Tag
und wie ist Deine Beautyroutine am Abend ?

....

....

....

....

Überlege Dir vor dem Einschlafen noch eine besonders positive Sache, die heute passiert ist.

....

....

....

....

Was wünscht Du Dir für den morgigen Tag?
Was möchtest Du verbessern?

....

....

....

....

Notizen

....

....

....

....

....

....

....

....

....

....

....

....

....

....

....

....

....

Datum: .... Unterschrift: ....

Positive und stärkende Affirmation für heute

Ich bin ...

....

....

....

....

Persönliche Me-Time

z. B. Sport, Meditation, lesen, etc.

....

....

....

....

Welche besonderen Wünsche hast Du für den heutigen Tag?

....

....

....

....

Ziel für heute:
Was macht Deinen Tag heute besonders?

....

....

....

....

Wie startet Deine Beautyroutine
am Morgen?

....

....

....

....

Was tust Du heute für
Deine Gesundheit und Dein Wohlbefinden?

....

....

....

....

Wieviel und was hast Du an guter Flüssigkeit (Wasser, Tee) getrunken?

....

....

....

....

Was hast Du heute gegessen und Deinem Körper Gutes getan?

....

....

....

....

Welcher Sport / Bewegung findet / fand heute statt?

....

....

....

....

Fokussiere Dich:
Welche Aufgaben sind heute wichtig?

....

....

....

....

Welche Aufgaben wären toll noch zu schaffen?

....

....

....

....

Für was bist Du heute dankbar?
Ich bin dankbar für ...

....

....

....

....

Wie beendest Du Deinen Tag und wie ist Deine Beautyroutine am Abend ?

Überlege Dir vor dem Einschlafen noch eine besonders positive Sache, die heute passiert ist.

Was wünscht Du Dir für den morgigen Tag? Was möchtest Du verbessern?

Notizen

....

....

....

....

....

....

....

....

....

....

....

....

....

....

....

....

....

Datum: .... Unterschrift: ....

Positive und stärkende Affirmation für heute

Ich bin ...

....

....

....

....

Persönliche Me-Time

z. B. Sport, Meditation, lesen, etc.

....

....

....

....

Welche besonderen Wünsche hast Du für den heutigen Tag?

....

....

....

....

Ziel für heute:
Was macht Deinen Tag heute besonders?

....

....

....

....

Wie startet Deine Beautyroutine am Morgen?

....

....

....

....

Was tust Du heute für Deine Gesundheit und Dein Wohlbefinden?

....

....

....

....

Wieviel und was hast Du an guter Flüssigkeit (Wasser, Tee) getrunken?

....

....

....

....

Was hast Du heute gegessen und Deinem Körper Gutes getan?

....

....

....

....

Welcher Sport / Bewegung findet / fand heute statt?

....

....

....

....

Fokussiere Dich:
Welche Aufgaben sind heute wichtig?

....

....

....

....

Welche Aufgaben wären toll
noch zu schaffen?

....

....

....

....

Für was bist Du heute dankbar?
Ich bin dankbar für ...

....

....

....

....

Wie beendest Du Deinen Tag und wie ist Deine Beautyroutine am Abend ?

....

....

....

....

Überlege Dir vor dem Einschlafen noch eine besonders positive Sache, die heute passiert ist.

....

....

....

....

Was wünscht Du Dir für den morgigen Tag? Was möchtest Du verbessern?

....

....

....

....

Notizen

....

....

....

....

....

....

....

....

....

....

....

....

....

....

....

....

....

Datum: .... Unterschrift: ....

Positive und stärkende Affirmation für heute

Ich bin ...

Persönliche Me-Time

z. B. Sport, Meditation, lesen, etc.

Welche besonderen Wünsche hast Du für den heutigen Tag?

Ziel für heute:
Was macht Deinen Tag heute besonders?

....

....

....

....

Wie startet Deine Beautyroutine am Morgen?

....

....

....

....

Was tust Du heute für Deine Gesundheit und Dein Wohlbefinden?

....

....

....

....

Wieviel und was hast Du an guter Flüssigkeit (Wasser, Tee) getrunken?

....

....

....

....

Was hast Du heute gegessen und Deinem Körper Gutes getan?

....

....

....

....

Welcher Sport / Bewegung findet / fand heute statt?

....

....

....

....

Fokussiere Dich:
Welche Aufgaben sind heute wichtig?

....

....

....

....

Welche Aufgaben wären toll noch zu schaffen?

....

....

....

....

Für was bist Du heute dankbar?
Ich bin dankbar für ...

....

....

....

....

Wie beendest Du Deinen Tag und wie ist Deine Beautyroutine am Abend ?

....

....

....

....

Überlege Dir vor dem Einschlafen noch eine besonders positive Sache, die heute passiert ist.

....

....

....

....

Was wünscht Du Dir für den morgigen Tag? Was möchtest Du verbessern?

....

....

....

....

Notizen

....

....

....

....

....

....

....

....

....

....

....

....

....

....

....

....

....

Datum: .... Unterschrift: ....

Positive und stärkende Affirmation für heute

Ich bin ...

....

....

....

....

Persönliche Me-Time

z. B. Sport, Meditation, lesen, etc.

....

....

....

....

Welche besonderen Wünsche hast Du für den heutigen Tag?

....

....

....

....

Ziel für heute:
Was macht Deinen Tag heute besonders?

....

....

....

....

Wie startet Deine Beautyroutine
am Morgen?

....

....

....

....

Was tust Du heute für
Deine Gesundheit und Dein Wohlbefinden?

....

....

....

....

Wieviel und was hast Du an guter Flüssigkeit (Wasser, Tee) getrunken?

....

....

....

....

Was hast Du heute gegessen und Deinem Körper Gutes getan?

....

....

....

....

Welcher Sport / Bewegung findet / fand heute statt?

....

....

....

....

Fokussiere Dich:
Welche Aufgaben sind heute wichtig?

....

....

....

....

Welche Aufgaben wären toll noch zu schaffen?

....

....

....

....

Für was bist Du heute dankbar?
Ich bin dankbar für ...

....

....

....

....

Wie beendest Du Deinen Tag und wie ist Deine Beautyroutine am Abend ?

....

....

....

....

Überlege Dir vor dem Einschlafen noch eine besonders positive Sache, die heute passiert ist.

....

....

....

....

Was wünscht Du Dir für den morgigen Tag? Was möchtest Du verbessern?

....

....

....

....

Notizen

Datum: .... Unterschrift: ....

Positive und stärkende Affirmation für heute

Ich bin ...

....

....

....

....

Persönliche Me-Time

z. B. Sport, Meditation, lesen, etc.

....

....

....

....

Welche besonderen Wünsche hast Du für den heutigen Tag?

....

....

....

....

Ziel für heute:
Was macht Deinen Tag heute besonders?

....

....

....

....

Wie startet Deine Beautyroutine
am Morgen?

....

....

....

....

Was tust Du heute für
Deine Gesundheit und Dein Wohlbefinden?

....

....

....

....

Wieviel und was hast Du an guter Flüssigkeit (Wasser, Tee) getrunken?

....

....

....

....

Was hast Du heute gegessen und Deinem Körper Gutes getan?

....

....

....

....

Welcher Sport / Bewegung findet / fand heute statt?

....

....

....

....

Fokussiere Dich:
Welche Aufgaben sind heute wichtig?

....

....

....

....

Welche Aufgaben wären toll noch zu schaffen?

....

....

....

....

Für was bist Du heute dankbar?
Ich bin dankbar für ...

....

....

....

....

Wie beendest Du Deinen Tag
und wie ist Deine Beautyroutine am Abend ?

....

....

....

....

Überlege Dir vor dem Einschlafen noch eine besonders positive Sache, die heute passiert ist.

....

....

....

....

Was wünscht Du Dir für den morgigen Tag?
Was möchtest Du verbessern?

....

....

....

....

Notizen

....

....

....

....

....

....

....

....

....

....

....

....

....

....

....

....

....

Datum: .... Unterschrift: ....

Positive und stärkende Affirmation für heute

Ich bin ...

....

....

....

....

Persönliche Me-Time

z. B. Sport, Meditation, lesen, etc.

....

....

....

....

Welche besonderen Wünsche hast Du für den heutigen Tag?

....

....

....

....

Ziel für heute:
Was macht Deinen Tag heute besonders?

. . . .

. . . .

. . . .

. . . .

Wie startet Deine Beautyroutine
am Morgen?

. . . .

. . . .

. . . .

. . . .

Was tust Du heute für
Deine Gesundheit und Dein Wohlbefinden?

. . . .

. . . .

. . . .

. . . .

Wieviel und was hast Du an guter Flüssigkeit (Wasser, Tee) getrunken?

....

....

....

....

Was hast Du heute gegessen und Deinem Körper Gutes getan?

....

....

....

....

Welcher Sport / Bewegung findet / fand heute statt?

....

....

....

....

Fokussiere Dich:
Welche Aufgaben sind heute wichtig?

....

....

....

....

Welche Aufgaben wären toll noch zu schaffen?

....

....

....

....

Für was bist Du heute dankbar?

Ich bin dankbar für ...

....

....

....

....

Wie beendest Du Deinen Tag und wie ist Deine Beautyroutine am Abend ?

....

....

....

....

Überlege Dir vor dem Einschlafen noch eine besonders positive Sache, die heute passiert ist.

....

....

....

....

Was wünscht Du Dir für den morgigen Tag? Was möchtest Du verbessern?

....

....

....

....

Notizen

....

....

....

....

....

....

....

....

....

....

....

....

....

....

....

....

....

Datum: .... Unterschrift: ....

Positive und stärkende Affirmation für heute

Ich bin ...

....

....

....

....

Persönliche Me-Time

z. B. Sport, Meditation, lesen, etc.

....

....

....

....

Welche besonderen Wünsche hast Du für den heutigen Tag?

....

....

....

....

Ziel für heute:
Was macht Deinen Tag heute besonders?

....

....

....

....

Wie startet Deine Beautyroutine am Morgen?

....

....

....

....

Was tust Du heute für Deine Gesundheit und Dein Wohlbefinden?

....

....

....

....

Wieviel und was hast Du an guter Flüssigkeit (Wasser, Tee) getrunken?

....

....

....

....

Was hast Du heute gegessen und Deinem Körper Gutes getan?

....

....

....

....

Welcher Sport / Bewegung findet / fand heute statt?

....

....

....

....

Fokussiere Dich:
Welche Aufgaben sind heute wichtig?

....

....

....

....

Welche Aufgaben wären toll noch zu schaffen?

....

....

....

....

Für was bist Du heute dankbar?

Ich bin dankbar für ...

....

....

....

....

Wie beendest Du Deinen Tag und wie ist Deine Beautyroutine am Abend ?

....

....

....

....

Überlege Dir vor dem Einschlafen noch eine besonders positive Sache, die heute passiert ist.

....

....

....

....

Was wünscht Du Dir für den morgigen Tag? Was möchtest Du verbessern?

....

....

....

....

Notizen

Datum: .... Unterschrift: ....

Positive und stärkende Affirmation für heute

Ich bin ...

....

....

....

....

Persönliche Me-Time

z. B. Sport, Meditation, lesen, etc.

....

....

....

....

Welche besonderen Wünsche hast Du für den heutigen Tag?

....

....

....

....

Ziel für heute:
Was macht Deinen Tag heute besonders?

Wie startet Deine Beautyroutine am Morgen?

Was tust Du heute für Deine Gesundheit und Dein Wohlbefinden?

Wieviel und was hast Du an guter Flüssigkeit (Wasser, Tee) getrunken?

....

....

....

....

Was hast Du heute gegessen und Deinem Körper Gutes getan?

....

....

....

....

Welcher Sport / Bewegung findet / fand heute statt?

....

....

....

....

Fokussiere Dich:
Welche Aufgaben sind heute wichtig?

....

....

....

....

Welche Aufgaben wären toll
noch zu schaffen?

....

....

....

....

Für was bist Du heute dankbar?
Ich bin dankbar für ...

....

....

....

....

**Wie beendest Du Deinen Tag
und wie ist Deine Beautyroutine am Abend ?**

Überlege Dir vor dem Einschlafen noch eine besonders positive Sache, die heute passiert ist.

**Was wünscht Du Dir für den morgigen Tag?
Was möchtest Du verbessern?**

Notizen

....

....

....

....

....

....

....

....

....

....

....

....

....

....

....

....

....

Datum: .... Unterschrift: ....

Positive und stärkende Affirmation für heute

Ich bin ...

....

....

....

....

Persönliche Me-Time

z. B. Sport, Meditation, lesen, etc.

....

....

....

....

Welche besonderen Wünsche hast Du für den heutigen Tag?

....

....

....

....

Ziel für heute:
Was macht Deinen Tag heute besonders?

Wie startet Deine Beautyroutine
am Morgen?

Was tust Du heute für
Deine Gesundheit und Dein Wohlbefinden?

Wieviel und was hast Du an guter Flüssigkeit (Wasser, Tee) getrunken?

....

....

....

....

Was hast Du heute gegessen und Deinem Körper Gutes getan?

....

....

....

....

Welcher Sport / Bewegung findet / fand heute statt?

....

....

....

....

Fokussiere Dich:
Welche Aufgaben sind heute wichtig?

....

....

....

....

Welche Aufgaben wären toll noch zu schaffen?

....

....

....

....

Für was bist Du heute dankbar?
Ich bin dankbar für ...

....

....

....

....

**Wie beendest Du Deinen Tag
und wie ist Deine Beautyroutine am Abend ?**

....

....

....

....

Überlege Dir vor dem Einschlafen noch eine besonders positive Sache, die heute passiert ist.

....

....

....

....

**Was wünscht Du Dir für den morgigen Tag?
Was möchtest Du verbessern?**

....

....

....

....

Notizen

....

....

....

....

....

....

....

....

....

....

....

....

....

....

....

....

....

Datum: .... Unterschrift: ....

Tanja Hilmer

Personal-, Beauty- & Lifestyle-Coach

Ernährungsberaterin

Selbstliebetrainerin

Autorin

Wenn Du noch mehr für Dich tun willst
im Bereich Selbstliebe, Selbstwert, Selbstfürsorge
und positive Lebenseinstellung,
dann kontaktiere mich gern
für ein persönliches Coaching oder einen Workshop.

Tanja Hilmer

Professional Beauty VIP

Friedenspromenade 104, 81827 München

Mobil: +49 / 160 / 443 76 76 . Festnetz: +49 / 89 / 42 72 18 79

Email: info@tanjahilmer.de

www.tanjahilmer.de

www.professionalbeauty-vip.de

Bereits von mir erschienen:

**DIREKTVERTRIEB –
Mit der richtigen
Vertriebsstrategie
zum Erfolg!**

Ich bin seit 2001 selbständige Führungskraft beim größten Schweizer Direktvertrieb Déesse Cosmetics. Als Quereinsteigerin, Mutter und Ehefrau und trotz gesundheitlicher Einschränkungen habe ich ein eigenes, ganzheitliches Business rund um Kosmetik, Schönheit, Styling, Gesundheit, Ernährung und Coaching aufgebaut.

Meine Mission ist es, Menschen dabei zu unterstützen, sich wohl in ihrer Haut zu fühlen, selbstbewusster zu werden und ein selbstbestimmtes Leben zu führen. Gerne mit meiner Unterstützung.

**Das Buch ist erhältlich über meine Website
www.tanjahilmer.de**